Doris Bewernitz

Kluge Frauen leben bunter

Geschichten und Gedanken zum Aufblühen

HABEN SIE EINE LIEBLINGSFARBE?

Ich bin mit zwei Schwestern aufgewachsen, und als Kind hatte jede von uns ihre bevorzugte, ganz eigene Farbe, die sie feierte und der sie huldigte. Es war ein Markenzeichen, ein Bekenntnis zu sich selbst. Mein Favorit war ein leuchtendes Maisgelb, für mich Ausdruck von Licht und Lust, Sonne und Freude. Heute staune ich, wie genau diese damals von mir gewählte Farbe meine jetzige Lebenshaltung ausdrückt.

Farben sind ein Geschenk des Himmels und des Lichts. Wer in einem Garten voller leuchtender Blüten steht, kann sich kaum ihrer Faszination entziehen. Reichtum und Üppigkeit der Natur kennen kein Ende, wenn es um die Buntheit ihrer Lebewesen geht. Und diese Farben haben eine Wirkung. Sie trösten, ermutigen, beruhigen, wärmen und stärken. Nicht zufällig drücken wir in gemeinsamen Ritualen unsere Gefühle farblich aus: Bei Hochzeiten tragen wir Weiß. In Trauerzeiten Schwarz.

Wie schön wäre es doch, wenn wir die Sprache der Farben jeden Tag nutzen würden. Wenn wir ihre Fülle wieder stolz und mutig zeigen, als Zeichen unserer Lebensfreude und Vielfalt. Die Frauen in diesem Buch sind stark. Sie haben das Herz auf dem rechten Fleck. Sie bekennen Farbe, hüllen sich in bunte Tücher oder knallrote Badeanzüge, werden sichtbar und entdecken sich dabei neu. – Probieren Sie es einmal aus. Heute! Leben Sie bunter. Sie werden sehen, wie gut es tut.

Doris Bewernitz

DAS BUCH

In meinem Regal steht ein altes, rotes Buch. Groß ist es, dick und schwer. Die Seiten vergilbt und fleckig, die Ecken angestoßen, das Papier dünn und rau, die Schrift Sütterlin. Schön ist es nicht. Es wurde neu gebunden, hat in den sechziger Jahren einen neuen Einband erhalten, samt ein paar Klebestellen, an denen die Seiten eingerissen gewesen waren. Es ist ein Märchenbuch. Gedruckt 1902. ‚Deutscher Märchenschatz' heißt es, und im Vorwort erfährt man, dass es aus einer Ausschreibung hervorgegangen ist. Völlig unbekannte Menschen, Arbeiterinnen, Kindergärtnerinnen, Hausfrauen, Bauern ... schrieben ihre eigenen Märchen und reichten sie ein. Die besten dreißig wurden in diesem Buch abgedruckt.

Meine Mutter schenkte es mir zu meinem sechsten Geburtstag. Da kannte ich natürlich schon alle Märchen und ich liebte jedes einzelne. Erst später erfuhr ich, dass es mit dem Buch eine besondere Bewandtnis hatte. Es war das einzige Buch, das meine Mutter in ihrer Kindheit besaß. Als sie im April 1945 siebzehnjährig aus ihrer Heimat fliehen musste, nahm sie es mit. Drei Monate war sie zu Fuß unterwegs. Sie hungerte, musste sich verstecken, jeden Tag irgendwo etwas zu Essen finden, um zu überleben. Und in der ganzen Zeit schleppte sie dieses schwere Buch mit sich herum. Über hunderte Kilometer. Weil sie, wie sie mir später sagte, ja nicht nur essen musste, sondern auch etwas Schönes brauchte.

Ich bin sehr glücklich, dass dieses Buch bei mir ist. Dass meine Mutter schon in jungen Jahren wusste, was sie den Schrecken des Krieges entgegenhalten wollte: Schönheit, Kunst und Fantasie. Übrigens: Die meisten Märchen in diesem Buch, die davon erzählen, dass das Böse nicht das letzte Wort hat, sind von Frauen geschrieben worden.

Wir sind die Heldinnen unserer eigenen Geschichte.

Mary McCarthy

DIE ROTE FRAU

Es war drückend heiß. Dreißig Grad! Ich saß unter dem Glasdach der Straßenbahnhaltestelle wie in einem Gewächshaus. Die Bürgersteige waren voller Menschen: Nackte Arme, entblößte Schultern und Bäuche. Zerstreut sah ich den Liebespaaren nach und fragte mich, wie man bei dieser Affenhitze so eng umschlungen gehen konnte. Dann griff ich zum Rucksack, um meine lauwarme Wasserflasche hervorzuholen. Als ich mich trinkend nach hinten beugte, sah ich aus den Augenwinkeln etwas Rotes. Besser gesagt, ein schrilles Zinnober.

Die Frau saß mir gegenüber auf einem Balkon im ersten Stock. Offenbar hatte sie sich dorthin in den Schatten geflüchtet. Donnerwetter, dachte ich, die hat aber Mut! Der Balkon war mit einer zierlichen Brüstung umgeben, durch die man gut hindurchsehen konnte. Sie saß dort auf einer kleinen Bank, lehnte den Rücken gegen die Hauswand, und ihr Badeanzug leuchtete wie ein Signalfeuer.

Die Frau war füllig und mindestens Mitte fünfzig. Ihr breiter Busen hatte kaum Platz unter dem engen Stoff. Ihr Gesicht wirkte verquollen. Halblange, ungepflegte Haare hingen ihr auf die Schultern herab. Sie sah einsam und traurig aus, wie jemand, der nur noch selten das Haus verlässt. Sie lehnte an der Mauer und starrte geradeaus, als nähme sie ihre Umgebung gar nicht mehr wahr. Die Enge des Balkons, der bröckelnde Putz, all das verstärkte den trostlosen Eindruck noch.

Vielleicht arbeitslos, dachte ich. Oder Frührentnerin. Keine Interessen, keine Freunde. Eingesperrt in eine Wohnung, täglicher Gang zwischen Bett, Kühlschrank und Balkon. Und ein Badeanzug als Erinnerung an bessere Tage.

Eine bunte Gruppe Jugendlicher kam die Straße herauf. Ihr Lachen war weit zu hören. Erst als sie die Haltestelle erreicht hatten, sah ich, dass es Menschen mit Downsyndrom waren. Zwei Betreuer trabten in einigem Abstand hinter ihnen her. Ganz vorn ging eine junge Frau mit Kindergesicht und kahl geschorenem Kopf, in ein enges, glitzerndes Oberteil und rote Tigerleggins gepresst, die sich bei jedem Schritt genüsslich drehte und wendete. Sie trug übergroße Ohrringe, an den Handgelenken klimperten diverse Armreifen. Wie ein Model auf dem Laufsteg stolzierte sie den Bürgersteig entlang, ein Sinnbild der Lust. Wenige Schritte vor dem Balkon blieb sie abrupt stehen, sah zu der Frau hoch, drehte sich aufgeregt zu ihren Freunden um und zeigte nach oben.

„Jo, sie ist schön!“, rief sie. Und wieder: „Jo, wie schön!“ Dann begann sie zu klatschen. Dabei trat sie dicht an den Balkon heran und schaute nach oben. Auch die anderen Jugendlichen blieben nun stehen. Manche von ihnen klatschten ebenfalls. Die Betreuer, offenbar unsicher, wie sie reagieren sollten, hielten sich im Hintergrund. Der Beifall und das Johlen wurden immer stärker.

Mitten auf dem Bürgersteig standen sie, quirlige, fröhliche Jugendliche, unbefangen und voller Freude über eine Frau im roten Badeanzug. Das Glitzermädchen hüpfte und schlug begeistert in die Hände.

Die ersten Passanten hielten an und schauten nach oben.

Die Frau auf dem Balkon tat mir leid. Wie würde sie reagieren? Es war eindeutig, dass der Lärm ihr galt, sie konnte ihn unmöglich ignorieren. Wenn sie aber aufstand, um den Balkon zu verlassen, würde sie sich noch mehr zeigen. Schon glaubte ich zu sehen, wie ihr das Blut in den Kopf schoss. Sie versteifte sich und sah unschlüssig zur Seite, aber die Jugendlichen standen nun um den ganzen Balkon herum. Zögernd beugte sie den Oberkörper vor. Gleich, dachte ich, gleich sinkt sie auf die Knie und huscht wie ein erschrockenes Kätzchen ins Dunkel des Zimmers ...

Doch da geschah etwas Merkwürdiges.

Es schien ein Ruck durch sie zu gehen. Sie straffte sich, hob die Schultern, und ein Lächeln zog über ihr Gesicht. Dann stand sie auf. Erhobenen Hauptes trat sie an die Brüstung des Balkons. Ihr roter Badeanzug leuchtete in der Sonne. Wie eine Diva neigte sie sich huldvoll zu ihrem Publikum herunter und lächelte. Der Beifall schwoll an. Nun machte die Frau eine tiefe Verbeugung, so weit, wie es das Geländer erlaubte, sah zu den Jugendlichen herunter, presste beide Hände ans Dekolleté und rief mit lauter, voller Stimme: „Danke, vielen Dank!“

Ungläubig starrte ich sie an. Ihr Gesicht war jetzt völlig verwandelt. Sie sah wenigstens zwanzig Jahre jünger aus, als hätte jemand ein Licht in ihr angezündet. Und: Sie war schön.

Nichts lässt eine Frau schöner aussehen, als das Wissen um ihre eigene Schönheit.

Sophia Loren

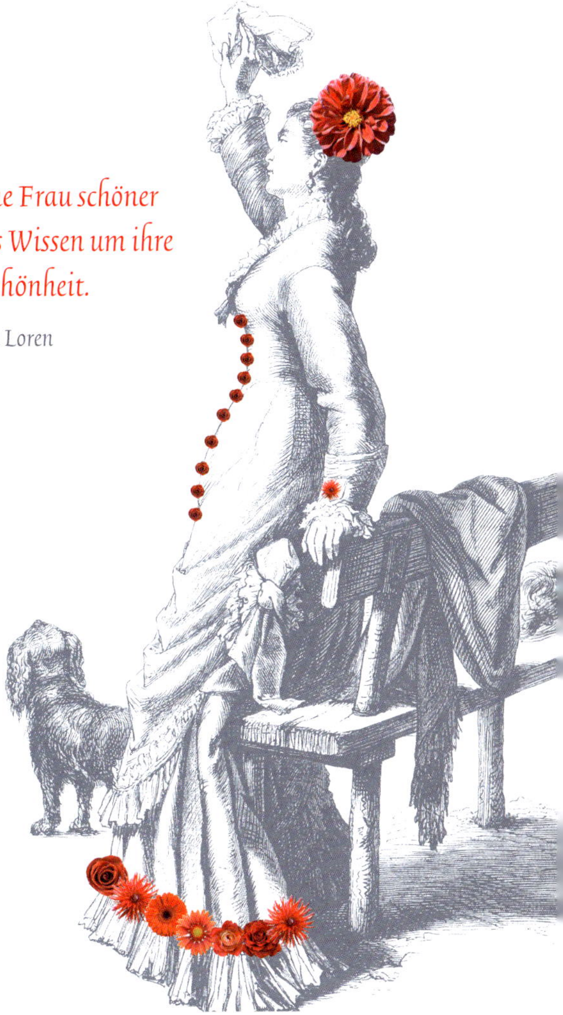

DAS DRITTE GESETZ

Sprich deine eigene Sprache
Du bist schön

Gib deiner Angst ein zu Hause
Du bist schön

Lasse dich reichlich beschenken
Du bist schön

Glaube deiner Unsicherheit
Verteidige deine Verwirrung

EIN BISSCHEN ROSA

Wir kennen uns über zwanzig Jahre. Aber erst seit einem Jahr schreiben wir uns Briefe. Briefe, die den Postboten bestimmt ein Lächeln aufs Gesicht zaubern.
Angefangen hat das, nachdem wir uns einmal über unsere Eltern unterhielten und feststellten, dass wir beide in der Kindheit ähnliche Erfahrungen gemacht hatten. Wir waren Mädchen gewesen, aber das Mädchenhafte an uns hatte nicht stattgefunden. Ob Prinzessinnenwunsch, Glitzersehnsucht oder rosa Klunkerkram, nichts davon war vorgekommen, als wir klein waren. War es die Sparsamkeit der Nachkriegszeit, in der sich das „Geld rauswerfen" verbot? War es, dass die, die einen Krieg überlebt hatten, andere Sorgen umtrieben als Mädchensehnsüchte? War es die Schwierigkeit, mit Lust und Leichtigkeit umzugehen? Es wird etwas von jedem gewesen sein.
Nun sind wir beide um die sechzig. Und schreiben uns Briefe. Besser gesagt, wir schreiben den kleinen Mädchen Briefe. Den kleinen Mädchen, die ja immer noch in uns sind. Und diese Briefe könnten rosaner und glitzernder und funkelnder gar nicht sein! Selbstgebastelte Umschläge mit Herzen, Sternen, Krönchen und Schmetterlingen; rosa Briefpapier mit Lackbildern und Feinsliebchen, schillernde Aufkleber, glitzernder Sternenstaub. Es ist die blanke Verschwendungslust. Es nimmt kein Ende. Wir können gar nicht genug davon bekommen. Wir feiern das Mädchen in uns. Endlich.
Dabei sind wir alte Frauen. Ist das nicht ein wenig al-

bern? Ja. Vielleicht. Aber was ist eigentlich gegen Albernheit einzuwenden? Schließlich sind wir alt genug, um uns jeden Spaß selbst zu erlauben! Bei jedem Brief, den ich bekomme, und bei jedem, den ich gestalte und schreibe, hüpft mein Herz wie das einer kleinen rosa Prinzessin. Und solange das so ist, werde ich wohl damit weitermachen.

Es wird Zeit, genau das zu tun, wovon wir schon immer geträumt haben. Oder etwas ganz anderes.

Brigitte Huber

LUCIE UND IHR DRACHE

Als Lucie klein war, soll sie die unglaublichsten Wutanfälle hingelegt haben, die man sich denken kann. Sie brüllte die ganze Straße zusammen. Zum Leidwesen ihrer Eltern, die ihr, mal geduldig, mal verzweifelt, erklärten, dass sich das nicht gehöre, und ein artiges Mädchen sich zu benehmen habe, vor allem ihre Tochter.

Lucie sagte ihnen dann, das mit der Wut, das wäre ihr Drache. Der müsse manchmal toben, um seine Kraft zu probieren. Er könne sogar Feuer speien. Und er würde auf sie aufpassen.

Ihre Mutter nahm sie zur Seite und sagte deutlich, Drachen hätten in ihrer Familie nichts zu suchen und

Manchmal muss man einfach
nach seiner Nase gehen.
Auch wenn man sie sich
dabei einschlägt.

Romy Schneider

sie wünsche, dass das aufhöre. Ihr Vater versuchte es erst mit Strenge, und als das nichts nützte, umgarnte er Lucie und wollte sie bestechen, er bot ihr sogar Taschengeld an, wenn sie den Drachen rausschmeißen würde. Aber Lucie entgegnete, das ginge nicht, der Drache wohne in ihr, das sei ihrer, der gehöre zu ihr. Und sie behielt ihn.
Obwohl sie das Taschengeld gern gehabt hätte.
Da mussten die Eltern durch.
Ansonsten war Lucie aber ein wirklich nettes und fröhliches Mädchen. Außer, wenn ihr Drache tobte.
Ich kann mir das alles lebhaft vorstellen, denn ich kenne Lucie. Sie ist meine Freundin. Im letzten Jahr ist sie 60 geworden. Die Geschichte von ihrem Drachen hat sie mir selbst erzählt.
Und diesen Drachen muss sie noch heute bei sich haben. Denn sie sagt Ja wenn sie Ja meint, und Nein, wenn sie Nein meint. Sie lässt sich nicht die Butter vom Brot nehmen, kuscht nicht vor Autoritäten, spricht Konflikte oder Ungereimtheiten immer direkt an, klärt Probleme, die sich heimlich anschleichen wollen, sofort. Und wenn sie irgendwo Unrecht wittert, geht sie auf die Barrikaden, ob das Unrecht nun sie selbst oder andere betrifft. Ich finde den Umgang mit Lucie sehr angenehm. Man weiß einfach immer, woran man ist.
Was bin ich froh, dass Lucie damals so gut auf ihren Drachen aufgepasst hat.

DIE FEUERAZALEE

Moschusduft aus Erdenmitte,
Dunkle, nie gehörte Schritte,
Alle Kraft braut sich zusammen,
Setzt den Busch in helle Flammen,
Blüten züngeln, Blätter schwellen,
Blitze zischen, Lichter gellen,
Äste knistern, Funken stieben,
Ringsum stehen stumm die sieben
Sturmgebeugten Riesenbäume,
Waldgezackte Gnomenträume
Huschen durch des Busches Flammen,
Halten seine Kraft zusammen:
Loderndes, und stirbt doch nicht.
Staunend seh ich in dem Licht
Feuer, das tief in mir brennt,
Glut, die meinen Namen kennt.

LEICHTIGKEIT

Sie hatte ihren bunten Rock an, eigentlich keinen Rock, sondern ein großes Baumwolltuch, das sie sich um die Hüften wickelte: Orange, rot, gelb – leuchtend wie die Sonne. Dazu den blauen Leinenpullover, der sich so schön der Haut anschmiegt. Sie strahlte alle an. Es war ein guter Tag. Endlich, nun doch noch Sommer geworden. Endlich, nun doch noch warm. Und die Sorgen der letzten Jahre auf einen Schlag verflogen. Sie atmete tief ihre Leichtigkeit, selbst erstaunt über dieses Gefühl. Heute erschien ihr die Welt so freundlich. Mit der Freude kam die Lust zurück. Wärme. Die Menschen in der Straßenbahn waren leicht bekleidet. Sie sah hier und da eine Schulter, einen Nacken, Arme, Haut. Ockertöne, Lichtgelb, Hellbraun, alles leuchtete. Neugierig beobachtete sie die Leute um sich herum, mutiger als sonst, und staunte, wie schön all die Körper waren.

Da stutzte sie über ein Paar braune Augen, die lächelten ihr zu. Anderentags hätte sie rasch weggeguckt, aber heute nicht. Heute begegnete sie diesem Blick. Und sah, dass es ein Braun war wie schattiges Orange. Wie das Orange in ihrem Tuch. Ein bisschen frech kam sie sich vor, wie sie da so geradeaus in die anderen Augen sah. Die gehörten einem Mann mit Arbeitsgepäck. Er saß ihr gegenüber, zwei Reihen weiter, war schmutzig und verschwitzt. Sie schauten sich an und lächelten beide, als hätten sie gerade ein Geheimnis entdeckt.

Der Mann war hochgewachsen und muskulös. Er hatte krauses, schwarzes Haar. Seine kurze, schwarze Baumwollhose war wie seine Arme, Beine und sein kurzärmliges Hemd mit Baustaub bedeckt. Sie konnte nicht anders, sie musste sich seine Hände ansehen. Die waren groß und sehnig. Und kupferbraun gebrannt vom Arbeiten in der Sonne. Und sie stellte sich vor, wie diese Hände ihren Körper berührten, sanft, stark und leidenschaftlich.

Sie musste lächeln. Sie war rot geworden. Am liebsten hätte sie jetzt die Augen geschlossen, um sich ihren Träumen ungestörter hingeben zu können, aber sie wollte diesen Mann ansehen. Die Traumbilder gingen derweil ihre eigenen Wege. Sie roch den Schweiß und den Staub auf seinem Körper, und plötzlich war alle Sehnsucht der letzten Jahre auf einmal in ihr. Sie staunte, wie schnell und drängend es war, und sie genoss es. Das Ganze dauerte nur wenige Minuten. Dann kam die Station, an der sie aussteigen musste.

Vorsichtig ging sie die Stufen der Bahn hinunter. Er stieg ebenfalls aus, warf sich seine schwere Tasche über die Schulter und schaute sie an, verschmitzt, als hätte er ihre Gedanken erraten. Wie jung er war! Ihr kam es vor, als fielen die Jahre plötzlich zusammen, Zeit und Alter lösten sich auf, als gäbe es das gar nicht. Sie ging über den Platz, bog in die kleine Nebenstraße ein, die zu ihrem Haus führte und er – auch. Er lief auf der anderen Seite, etwas schneller als sie. Sonst war niemand auf der Straße, nur sie beide, und ihre Schritte hatten einen irritierend holprigen Rhythmus miteinander.

Dann kam die Kreuzung, an der sie rechts abbog. Er ging geradeaus weiter. Ihr war klar, dass er sich umdrehen würde. Sie spürte es. Und sah im selben Augenblick zu ihm hin. Da waren sie schon weit voneinander entfernt. Sein Gesicht konnte sie nicht mehr sehen.
Leicht und erfüllt ging sie die wenigen Schritte bis zu ihrem Haus, mit dem Gefühl, beschenkt worden zu sein, einfach so, aus der Fülle des Lebens. Und die Kraft ihrer Gedanken hob sie heraus aus ihrem Alter, heute war sie keine siebzig Jahre, heute konnte sie so alt sein, wie sie wollte. Sie stieg die Treppen hinauf, als hätte sie Flügel.

Wüsstest du auch nur um die Hälfte der außergewöhnlichen unbesonnenen Dinge, die ich tue, du würdest gewiss dem Gedanken zuneigen, dass irgendein Zauber auf mir liegt.

Ada Lovelace

GEBURTSTAGSBLUMEN

Die Geburtstagskinder des Sommers werden ja mit Blumen übergossen, blüht und duftet doch alles an ihrem Tag. Aber was machen die Winterkinder? Wo sind die Farben derer, die in die Kälte hinein geboren wurden? Versteckt sind sie. Unter der starren, gepunkteten Rinde der Forsythie.

Hast du im Februar Geburtstag, kennst du den Winter. Nicht nur seine Kälte. Du weißt auch, dass in ihm das Leben schläft. Und du schneidest dir ein paar verfrorene Forsythienzweige und stellst sie zu Hause ins Wasser. Ein, zwei Wochen vor deinem Geburtstag.

Dann wartest du. Und hast an deinem Tag einen Blumenstrauß mit unzähligen Sonnenblüten, die deine Seele wärmen.

HEUTE

Heute lege ich mich ins Gelb,
Licht fangen.
Das schwarze Kleid habe ich ausgezogen,
Es ist mir zu eng geworden.

Nackt steige ich in die Fluten,
Unter dem Blau des Himmels
Umschwirren mich Sonnenfische
Mit Funkelschuppen.

Heute lege ich mich ins Gelb,
Breite die Arme aus
Und vergesse,
Was sich gehört.

DAS ZIMMER

Alles in diesem Zimmer ist grün. Der Schrank, das Sofa, die Kommode, das Bett, der Teppich, die Gardinen. Sogar der Tisch. Ein frisches Maigrün, wie von austreibenden Linden. Sogar die Frau, die dort wohnt und die ich aufsuche, um sie zu interviewen, ist grün angezogen.

Es flimmert vor meinen Augen. Mir ist, als hätte ich Chlorophyll in den Adern. Mein Kopf fühlt sich merkwürdig leer an. Ich hatte mir Fragen zurechtgelegt, aber jetzt, wo ich sie brauche, sind sie wie weggewischt.

Die Frau lacht, als ich mich irritiert umgucke. Sie bietet mir einen plüschgrünen Ohrensessel an. Ich versinke darin, und sie verschwindet in der Küche. Dann bringt sie Tee. Und ein Glas Honig.

Ich rühre in meinem Glas.

„Und?“, fragt sie.

„Ich habe meine Fragen vergessen“, sage ich und sehe unschlüssig auf meine Hände.

„Das liegt am Zimmer“, sagt sie. „Das ist gesund. Grün beruhigt. Da bleibt nur das Wesentliche übrig.“

MINUTENURLAUB

Langsam werden
Noch langsamer
Und noch langsamer
Anhalten
Stehen bleiben

Den Blick ruhen lassen
Ihn ausruhen lassen
Ihn lassen
Auf einem Blatt

Ankommen
Im Grün

*Leben wird nicht gemessen
an der Zahl von Atemzügen,
die wir nehmen;
sondern an den Momenten,
die uns den Atem nehmen.*

Maya Angelou

DER GARTEN

In P. gibt es einen kleinen Garten mit sehr seltenen und besonders schönen Blumen. Mittlerweile ist er öffentlich zugänglich, von der Stadtverwaltung geschützt, und taucht sogar in touristischen Faltblättern auf.

Ursprünglich gehörte dieser Garten einer Frau, die niemand kannte. Sie war arm und lebte ruhig und unscheinbar auf dem Stück Land, das sie der Wildnis abgetrotzt hatte. Im Laufe der Jahrzehnte, in denen die Frau immer älter und älter wurde, fiel ihren Nachbarn jedoch auf, dass ihr Garten sich merkwürdig veränderte. Immer häufiger blieben sie an ihrem Zaun stehen und schauten. Da gab es Pflanzen, die sie nie vorher gesehen hatten. Eine Farbenpracht sondergleichen war das, und zu jeder Jahreszeit konnte man etwas blühen sehen. Besonders schien die Gärtnerin blaue und violette Farben in allen Schattierungen zu lieben. Manche meinten sogar, sie hätten in ihrem Leben noch nie so viele verschiedene blaurote Farbtöne gesehen.

Unser Leben ist Leben wecken.

Bettina von Arnim

Das Wunder sprach sich herum, und nun kamen auch Menschen von außerhalb, um den Garten zu bestaunen. Gärtner und Floristen tauchten auf, machten Fotos und führten Fachgespräche vor dem Gartenzaun. Reporter suchten sich schöne Motive aus. Familien machten Ausflüge, um den Garten zu betrachten.

Als die Frau neunzig Jahre alt war, und so schmal und zusammengesunken, dass man sie zwischen ihren Stauden kaum noch ausmachen konnte, betrat an einem schönen Maientag der Bürgermeister des Ortes mit einem Journalisten und einem Reporter ihren Garten. Er teilte ihr mit, sie würde in Kürze eine Auszeichnung erhalten, da sie sich offenbar um die Bewahrung seltener Pflanzensorten verdient gemacht hätte.

Die Frau lud ihn zum Tee in ihre ärmliche Hütte. Der Bürgermeister sah sich erstaunt um und fragte, woher sie denn nur das Geld genommen hätte für all diese Pracht da draußen. Wie sie sich das denn habe leisten können, so viele teure und seltene Pflanzen zu kaufen?

Sie habe diese Blumen nicht gekauft, erwiderte die alte Frau, sondern sie, seit sie denken könne, bei ihren abendlichen Spaziergängen aus den Abfallkübeln hinter den Blumenläden eingesammelt. Welke, kranke Pflanzen seien das gewesen, die sie gedauert hätten und die sie nicht habe sterben lassen wollen. Es ginge doch nicht an, etwas Lebendiges wegzuwerfen?

ZWEI

Zwei
In verschiedenen Farben
Füllen den Raum

Ihre Farben
Vermischen sich nicht

Aber jede
Leuchtet kräftiger

Durch das Dasein
Der anderen

Ohne dass jemand hätte sagen können warum, hatten sich die Rothausschnecken in der rechten und die Blauhausschnecken in der linken Ecke eines Gartens eingerichtet. Über die Zeit hielten sie immer mehr auf ihre jeweiligen Gebiete, Farbe und Abstammung, so dass sie ihre Verwandten schließlich gar nicht mehr kannten. Seit Jahren waren sie sich nicht mehr in die Quere gekommen. Geblieben waren Gerüchte über die Andersfarbigen und eine diffuse Angst vor ihrer Gefährlichkeit.

Da geschah es, dass eines Tages ein blaues Schneckenfräulein in seinem jugendlichen Leichtsinn über die Grenze kroch, um zu schauen, was es dahinter gäbe.

Die roten Schnecken regten sich sogleich fürchterlich auf, umzingelten sie, drohten ihr und schrien, sie solle machen, dass sie fort käme.

Doch die blaue Schnecke ließ sich davon nicht im Geringsten einschüchtern. Sie war schlicht zu neugierig. Ruhig kroch sie weiter, sah sich um, kostete hier und da ein wenig von der unbekannten Landschaft und fand sie recht bekömmlich.

Dies beobachtete ein junger roter Schneck, und ihr Mut beeindruckte ihn dermaßen, dass er sie unbedingt kennenlernen wollte. Er kroch auf sie zu, beide merkten schnell, dass sie einander sehr zugetan waren. Und als Zeichen seiner Liebe schenkte er ihr eine Veilchenblüte. Der rote Schneck war hingerissen von seiner Freundin. Er stellte sie seinen Eltern vor. Diese waren gottlob auf-

geklärt, sahen die Liebe in den Augen der beiden jungen Leute, fanden die Blaue sympathisch, und hatten nichts gegen die Verbindung einzuwenden. Ihr Hochzeitsgeschenk war ein Amethyst aus dem Gartenbrunnen.
Und so krochen wenig später einige sehr kleine lila Schneckchen im Garten herum, immer hin und her über die Grenze, da sie von einer solchen ja noch nie etwas gehört hatten. Ihre Häuschen schillerten von Hellviolett bis Dunkellila. Sie waren so reizend anzusehen, dass die Blauen wie die Roten über sie völlig in Verzückung gerieten. Und umgehend beschlossen, die Grenze für nichtig zu erklären, da die Ansicht ihrer Vorfahren, diesen wunderbaren Garten in zwei Teile zu trennen, ja offensichtlich auf einem Irrtum beruht haben musste.

Wer sich immer an die Regeln hält,
dem entgeht der ganze Spaß.

Katherine Hepburn

ZAUBER AM MORGEN

Ein kalter, stürmischer Oktobermorgen. Es ist noch dunkel. Der Himmel regenverhangenen. Ich stehe an der Haltestelle. Zwei Bahnen sind ausgefallen. Menschen werfen müde Blicke zur Anzeigetafel, die Hände in Taschen vergraben, die Köpfe in Schals und Mäntelkragen gezogen wie Schildkröten. Sie ergeben sich in ihr Schicksal: Frieren und ausharren. Schwarz herrscht vor. Mützen, Jacken, Schals, Hosen – fast alle schwarz. Ein bisschen dunkelblau und dunkelbraun dazwischen, manchmal kariert, aber das macht die Sache nicht besser. Die Konturen der Mäntel verschwimmen im Grau der Dämmerung.

Dunkle Farben sind praktisch, sage ich mir, man sieht nicht gleich jeden Fleck. Aber wenn schon der Tag so düster ist, warum müssen die Leute sich auch noch so traurig anziehen? Ich gehe am Rande des Bahnsteiges entlang, einmal bis ganz hinauf, einmal bis ganz hinunter, und als ich fast am Ende angekommen bin, entdecke ich sie. Zwei kleine Mädchen, etwa vier Jahre alt. Sie halten sich an den Händen. Die eine im himmelblauen Anorak, mit Goldsternchen darauf. Ihre Hose: rot-weiß gestreift. Die andere im rosa Mantel und blauer Hose. Beide pinkfarbene Mützen auf dem Kopf, beide gestrickte Regenbogenschals um den Hals und grasgrüne Stiefel an den Füßen. Die Mädchen kichern und plappern, hüpfen und lachen. Schlagartig werde ich wach. Wie wäre es, denke ich, wenn es so knallbunte Stiefel, Hosen und Jacken nicht nur für Kinder, sondern auch für Erwachsene gäbe?

Da macht es PENG – und ich glaube meinen Augen nicht zu trauen. Der vornehme ältere Herr dort steht plötzlich im pinkfarbenen Anzug da. Die erschöpfte junge Frau vor mir in einem wallenden Mantel in Rosa und Gold, der schlaksige Jugendliche ist grün mit roten Punkten, sein Freund in Indigo und Gold kommt mir vor wie ein Ritter, und die füllige Fünfzigjährige, die aussieht, als hätte sie die ganze Nacht nicht geschlafen, trägt ein sonnengelbes Strickkleid und einen Regenbogenschal wie die beiden kleinen Mädchen!
Wow! Welch ein anderes Bild! Das ist ja mal eine illustre Versammlung! Mir wird ganz wohl ums Herz, ich gehe auf die Gelbgestrickte zu und möchte sie etwas fragen ... Da fährt die Straßenbahn ein. Die Türen öffnen sich. Aus der Bahn steigen schwarz und grau gekleidete Menschen und verschwinden in der Dunkelheit. In die Bahn steigen auch schwarz und grau gekleidete Menschen.
Ich reibe mir die Augen. Die Bahn fährt ohne mich ab. Und ich beschließe, mir noch heute eine rote Hose zu kaufen. Unbedingt. Leuchtend rot. In der Farbe von Klatschmohn.

Ich möchte das Rauschende, Volle,
Erregende der Farbe geben, das Mächtige.

Paula Modersohn-Becker

MEIN FEUER

Ich werde mir Feuer anziehen
Die niemand löschen kann

Aus eigener Kraft
Genährt von der schlafenden Glut in mir

Ringelblumenfeuer, Tigerkatzenfeuer,
Abendliederfeuer, Sonnenfeuer

Mein Herz wird satt von Feuer sein
Und nie mehr frieren

DER PULLOVER

Das Mädchen kam aus Syrien. Da ich kein Arabisch konnte und sie kein Deutsch, war die Verständigung entsprechend schwierig. Doch mit den Händen zeigte sie es mir, und ich verstand, was sie brauchte: einen Pullover.

Sie war zwölf oder dreizehn Jahre alt, schlank, mit hohen Wangenknochen und dunklen, großen Augen. Ein schönes Kind, gerade auf der Schwelle zum Erwachsenwerden. Ich hätte auch selbst drauf kommen können, was sie haben wollte, denn sie steckte in einem schwarzen Männerjackett, das ihr ungefähr zehn Nummern zu groß war.

In der Kleiderkammer des Flüchtlingsheimes war ich schon eine Weile beschäftigt, aber noch immer fiel es mir schwer, mich nicht von den Bildern lähmen zu lassen, die in mir auftauchten, wenn ich die Menschen hier sah. Was hatten sie hinter sich! Wer es bis hierher geschafft hatte, besaß meist nicht viel mehr als das, was er auf dem Körper trug. Und ihm fehlte mehr als Kleidung. Aber irgendwo musste man ja anfangen.

Das Mädchen stand vor mir. Gern hätte ich sie gefragt, aus welchem Ort sie kommt, ob sie allein hier ist, ob ihre Eltern noch leben. Aber zu der Sprachbarriere kam die Schlange, die sich hinter ihr gebildet hatte und immer länger wurde. Ich musste mich beeilen, wenn ich alle, die dort standen, versorgen wollte.

„What a color?“, fragte ich. Sie verstand mich nicht.

Ich wollte ihr einen fröhlichen Pullover geben, einen,

in dem sie sich wohl, geborgen und willkommen fühlen konnte. Schnell schätzte ich ihre Größe, überflog die Regale und reichte ihr einen wunderschönen weinroten Wollpulli, der toll zu ihren schwarzen Haaren passte.

Sie schüttelte den Kopf und zeigte auf ihr Jackett. Ich verstand nicht gleich. Erst als sie auch einen gelben und einen blauen Pullover abgelehnt und immer wieder auf das Jackett gezeigt hatte, begriff ich. Der Pullover sollte schwarz sein. Das war schwierig. Wir hatten zwar viele Pullover für Mädchen, aber kaum schwarze. In ihrer Größe gab es gerade mal drei. Ich breitete sie vor ihr auf dem Tisch aus. Was dann geschah, griff mich ans Herz.

Das Mädchen streckte die Hand aus und fuhr langsam mit den Fingerspitzen über das kleine Herz aus Straßsteinchen, das auf der Vorderseite des ersten Pullis aufgenäht war. Für einen Moment stand die Zeit still. Ich freute mich schon, dass ich so richtig gelegen hatte, ihr offensichtlich solch eine Freude machen konnte – da schüttelte sie den Kopf, zog ihre Hand zurück, sah den zweiten Pullover an, auf dem ein weißes Kätzchen abgebildet war, und schüttelte wieder den Kopf. Auf dem dritten Pullover stiegen drei bunte Glitzerluftballons in die Höhe. Wieder ein Kopfschütteln.

Ich verstand. Der Pullover musste durch und durch schwarz sein, ohne irgendeine andere Farbe. Aber warum? Ich hatte genau gesehen, wie sie die glitzernden Steinchen berührt hatte. Sie hätte diesen Pullover gern gehabt.

Als sie den Kopf hob, sah ich ihre Tränen.
Ich hatte keinen Pullover, der ganz und gar schwarz war. Ratlos breitete ich die Hände aus. Das Mädchen lächelte höflich, drehte sich um und ging davon, klein und schmächtig, in ihrem viel zu großen Männerjackett.
Wenn ich an diese Begebenheit denke, werde ich traurig. Und ich sehne eine Zeit herbei, in der sich auch syrische Mädchen stolz und kunterbunt anziehen und wieder fröhlich sein dürfen.

Es ist gut zu wissen,
dass man eigentlich alles machen kann.
Man muss nur damit anfangen.

Julie Deane

Am 24. November, ihrem neunzigsten Geburtstag, starb Mathilde M. Sie starb so still, korrekt und unscheinbar wie sie gelebt hatte. Als ehemalige Garderobenfrau im Kino war sie an nicht einem einzigen Tag ihres langen Berufslebens zu spät gekommen, und es gab niemanden, dem sie etwas schuldete, als sie diese Erde verließ.

Trotz einiger Schicksalsschläge und der Korrektheit ihres bescheidenen und überschaubaren Daseins konnte man dieses nicht als freudlos bezeichnen. Mathilde hatte sich allein durchgeschlagen, nachdem ihr Mann früh verstorben war. Sie hatte ihre beiden Kinder großgezogen und sie in die Welt gehen lassen. Seit sie Rentnerin war, hatte sie sich jede Woche einen Ausflug ins Kino und jeden Monat eine Rückenmassage gegönnt. Und einmal im Jahr hatte sie ihre beiden erwachsenen Töchter besucht, die eine Stunde mit dem Zug entfernt wohnten und vom Leben ihrer Mutter nicht viel mitbekamen. Außerdem war sie Mitglied eines Canastaclubs. Die Leute mochten sie, weil sie freundlich und still war, aber eigentlich kannte sie niemand. Das Einzige, das alle an ihr seltsam fanden, war, wie sie sich kleidete. Sie trug stets dunkle Farben, als setze sie alles daran, sich so perfekt wie möglich unsichtbar zu machen.

In gewisser Weise stimmte das sogar, denn als Mathilde vier Jahre alt gewesen war, in einem Alter also, in dem Mädchen anfangen, sich zu zeigen und kleine

Prinzessinnen zu sein, war der Krieg ausgebrochen. Damals hatte Mathilde schnell gelernt, dass sich die eigenen Überlebenschancen deutlich erhöhen, wenn man nicht zu sehen ist. Vielleicht war es die Angst jener Jahre, vielleicht auch etwas anderes, das wir nicht wissen können, und das sie dazu brachte, diese Gewohnheit bis an ihr Lebensende beizubehalten. Jedenfalls war es nie vorgekommen, dass ein Mensch Mathilde in der Öffentlichkeit herausstaffiert gesehen hätte. Es passierte sogar, dass Nachbarn auf dem Bürgersteig an ihr vorbeigingen ohne sie zu grüßen, weil sie sie gar nicht bemerkten.

Eigentlich wäre Mathilde gern Lehrerin geworden, aber vor dem Krieg war sie zu jung und nach dem Krieg zu alt gewesen für eine Ausbildung. Also hatte sie die Trümmer weggeräumt, Brennholz geschleppt, Kartoffeln gestoppelt, einen Kriegsversehrten geheiratet, zwei Kinder geboren, ihren Mann begraben und bis kurz vor ihrem siebzigsten Lebensjahr als Garderobenfrau im Kino gearbeitet. Und nun war sie tot. Ein kleines, unauffälliges Leben war zu Ende gegangen. Ein Leben, in dem fast alles vorgekommen war, was in ein gutes Leben gehört, nur die Farben waren zu kurz gekommen.

Dachte man.

Doch das war ein Irrtum. Denn nachdem ihre beiden Töchter sie sie zu Grabe getragen hatten, machten diese sich daran, Mathildes Wohnung leerzuräumen.

Und da staunten sie nicht schlecht, als sie den Kleiderschrank öffneten. Seidenkleider in strahlendem Azur, Violett und Goldgelb, eine rote Fuchsstola, orange, taubenblaue, grüne und weinrote Jacken, Blusen und Röcke, und unzählige Schals, Hüte und Tücher in allen Farben des Regenbogens, mit glitzernden Pailletten und Broschen besetzt, quollen aus dem Schrank hervor. Ungläubig standen die Töchter vor diesem Feuerwerk. Sie konnten es nicht fassen. Sie breiteten die Sachen auf Bett, Tisch und Sofa aus, und das Innere der Wohnung verwandelte sich in ein Schloss aus tausendundeiner Nacht. Überzeugt, dass ihre Mutter diese Garderobe niemals getragen hatte und das Ganze sich als fremdes Eigentum oder Kaufzwang entpuppen würde, untersuchten sie die Stücke und stellten fest, dass alles nicht nur genau der Größe ihrer Mutter entsprach, sondern sehr wohl getragen worden war, sogar recht häufig. Aber wann, bitteschön, sollte ihre Mutter das getragen haben, wo doch jeder wusste, wie schäbig und unauffällig sie immer herumgelaufen war? Die Töchter standen vor einem Rätsel.

Ob sie es je lösten, sei dahingestellt. Aber wir, Sie und ich, denken uns schon, dass auch in einer alten Frau immer noch ein kleines Mädchen wohnen kann, das, wenigstens wenn es allein ist, davon träumt, eine Prinzessin zu sein.

DEIN WEG

Worauf wartest du
Hol deine Träume hervor
Nimm die weiße Muschel vom Schrank
Halte sie dir ans Ohr

Worauf wartest du
Hörst du den Sehnsuchtston
Jahre vergehen wie Tage
Die Sonne senkt sich schon

Worauf wartest du
Der Horizont ist weit
Folge dem Wort deines Herzens
Geh, es wird Zeit

MIX
Papier aus verantwortungsvollen Quellen
FSC® C043106
www.fsc.org

Zur Autorin:
Doris Bewernitz, freie Autorin (zwei Kinder, vier Enkel, sechs Lieblingsfarben*, zwölf Bücher), lebt in Berlin, schreibt Krimis, Romane, Kurzprosa und Lyrik, erhielt diverse literarische Preise. Weitere Informationen unter www.doris.bewernitz.net

*Gelb, Grün, Orange, Gold, Rosa, Himmelblau

Mit Fotos von:
mauritius images / FALKENSTEINFOTO / **Alamy** (Umschlag, S. 5, 19, 23, 26), mauritius images / imageBROKER / **H.-D. Falkenstein** (S. 2, 29), mauritius images / imageBROKER / **BAO** (S. 9), iStock / **ilbusca** (S. 10), istock / **retrofutur** (S. 13), iStock / **nicoolay** (S. 14, 20), iStock / **whitemay** (S. 24, 39), shutterstock / **Morphart Creation** (S. 32), mauritius images / Historical image collection by Bildagentur-online / **Alamy** (S. 35).

ISBN 978-3-86917-560-7

ein Unternehmen der Verlagsgruppe Patmos
in der Schwabenverlag AG, Ostfildern
Im Alten Rathaus/Hauptstraße 37
D-79427 Eschbach/Markgräflerland

www.verlag-am-eschbach.de

Gestaltung, Satz und Repro: Angelika Kraut, Verlag am Eschbach
Schriftvorlagen: Ulli Wunsch, Wehr
Herstellung: Grafisches Centrum Cuno GmbH & Co. KG, Calbe

Manufakt
Dieser Baum steht für umweltschonende Ressourcenverwendung, individuelle Handarbeit und sorgfältige Herstellung.